Usch Luhn

Weihnachtszauber hinter der Wichteltür

USCH LUHN

Weihnachtszauber
hinter der geheimen
WICHTELTÜR

Mit Illustrationen von
Yvonne Sundag

PENGUIN
JUNIOR

Inhalt

1. Frohe Nachrichten

„Juchhu, ich bin so froh! So froh, so froh, so froh!", singt Bente. Vergnügt hüpft der kleine Wichtel durch den Wald. Die Schultasche auf seinem Rücken wippt im Takt mit.

Übermütig wirft er seine rote Mütze in die Luft. „So froh, so froh, so froh!"

Hoppla. Die Mütze bleibt an einem Zweig hängen. Vergeblich streckt er die Arme danach aus.

Bente nimmt Anlauf und springt so hoch, er kann. Klappt nicht. Er entdeckt einen Stock. Vielleicht reicht der bis an die Mütze heran. Leider zu kurz.

Das ist wirklich zu dumm. Die Luft ist nämlich schon ganz schön kalt, schließlich ist übermorgen der erste Dezember. Da kann man etwas Warmes auf dem Kopf gut gebrauchen.

Dann muss er eben hinaufklettern. Leichter gesagt als getan. Er rutscht immer wieder von der feuchten Rinde ab.

„Hallöchen. Was machst du da?", fragt ein neugieriges Eichhörnchen.

„Meine Mütze ist davongeflogen", antwortet Bente und zeigt nach oben.

Das Eichhörnchen lacht. „Seit wann haben Mützen Flügel?" Es stopft seine Backen mit Eicheln voll. Es ist höchste Zeit, Wintervorräte anzulegen.

Weiter oben in der Tanne raschelt es. Zwei gelbe Augen gucken herunter. „Bente! Was machst du für einen Lärm?", ruft die Eule verschlafen.

„Ich komm nicht an meine Mütze ran", sagt Bente und zeigt hinauf.

„Bente, Bente", seufzt die Eule. „Du bist immer so ein Schussel." Sie schubst die Mütze hinunter.

„Tausend Dank, Eule", ruft Bente und zieht seine Mütze erleichtert über die Ohren. „Ich habe übrigens die Wichtelprüfung geschafft. So froh, so froh, so froh", singt er und hüpft weiter.

„Pass gut auf deine Mütze auf, damit sie dir nicht wieder ausbüxt", kichert das Eichhörnchen und wieselt auch davon.

Erwartungsvoll stürmt Bente in das Wichtelhaus. „Mama, Papa! Ich hab's geschafft. Fast nur Einsen." Er winkt mit seinem guten Zeugnis.

„Das müssen wir feiern", ruft Wichtelmama Jella und liest sich aufmerksam Bentes Wichtelzeugnis durch. Sie backt einen Nusskuchen und Wichtelpapa Ole kocht einen Topf heiße Schokolade. Bentes Schwester Milli malt ein knallbuntes Bild für ihren großen Bruder.

„Du bist der erste Weihnachtswichtel in unserer Familie", sagt die Wichtelmama stolz. „Ich kann es gar nicht glauben." Als Waldwichtelin sorgt Jella das ganze Jahr dafür, dass es Tieren und Pflanzen im Wald gut geht. Manchmal pflegt sie sogar einen verletzten Vogel im Haus der Wichtel gesund.

Die kleine Familie wohnt in einer gemütlichen Wurzelhöhle unter einer sehr alten Tanne. Wichtelpapa Ole ist ein Hauswichtel. Er besucht am liebsten Familien mit Kindern. Niemand kann Spielzeug so geschickt reparieren wie Ole. Aber ein bisschen Spaß will er bei seiner Arbeit auch haben, dann spielt er den Erwachsenen einen Schabernack und versteckt Hausschlüssel oder vertauscht Schnürsenkel.

Bentes größter Wunsch war es, ein Weihnachtswichtel zu sein. Endlich hat er es geschafft! Gerade noch rechtzeitig, denn schon am 1. Dezember geht das Wichteln los. Dann überrascht er ein Menschenkind bis Weihnachten jeden Tag mit einer Kleinigkeit.

Bente hat sich ein Mädchen ausgesucht, für das er gerne Wichtel sein möchte. Das Mädchen heißt Nelia und geht in die erste Klasse. Bente kennt sie schon eine ganze Weile, denn sie ist oft mit ihrer Oma und Hündin Ronja im Wald unterwegs.

Vor Ronja hat Bente ein wenig Angst. Zwar ist Ronja ein sehr wohlerzogener Golden Retriever, aber einmal hat sie Bente erschnüffelt und ihn mit ihrer feuchten Zunge abgeschleckt. Pfui!

Trotzdem ist Nelia genau die Richtige. Da ist sich Bente ganz sicher. Er brennt darauf, sie besser kennenzulernen und ihr in der Weihnachtszeit eine Freude zu machen. Zuerst muss er natürlich bei Nelia einziehen. Also genau genommen hinter die Wichteltür. Die Tür verbindet Bentes Weih-

nachtshäuschen mit Nelias Kinderzimmer. Sie ist das Allerwichtigste! Bente hat die Wichteltür schon vor ein paar Wochen zusammen mit seinem Papa geschreinert. Das hellbraune Holz für den Rahmen stammt von der Moor-Birke und duftet nach Wald. Die Blätterranken hat Bente mit seinem Taschenmesser ganz alleine in das Holz geschnitzt. Es sind verschiedene Blätter zu sehen, die im Wald wachsen. Ein Eichenblatt, kleine gezackte Birkenblätter, ein Blatt der Buche und eines vom Walnussbaum.

Und auch beim Häuschenbau hat Papa mitgeholfen. Er ist ja nicht umsonst ein Hauswichtel. Die einzelnen Teile sind schon fertig und die Möbel besorgt. Wie praktisch, dass Bentes Familie im Wald so beliebt ist. Da haben viele Tiere mitgemacht! Der Specht hat ihm aus einem Tannenzapfen einen Schaukelstuhl gehämmert. Die Kohlmeise, die im letzten Winter für ein paar Wochen bei Familie Wichtel gewohnt hat, hat flaumige Federn für ein kuscheliges Bett gesammelt. Selbst die Waldmäuse haben sich nicht lumpen lassen und leere Eicheln mit Körnern gefüllt, damit er sich jeden Morgen ein leckeres Müsli zubereiten kann.

Bente seufzt glücklich. Das wird eine herrliche Weihnachtszeit.

Nur Milli weint plötzlich. Bisher haben die Geschwister alles zusammen gemacht. Aber um Weihnachtswichtelin zu sein, ist sie zu klein. Sie geht ja noch nicht einmal in die Schule.

„Wenn du magst, kannst du mir beim Basteln helfen. Darin bist du doch so geschickt", tröstet Bente sie. Und dann nimmt er Milli fest in die Arme und trocknet ihre Tränen.

2. Bente zieht hinter die Wichteltür

Endlich wird es Abend. Bente wartet schon ungeduldig, denn erst dann kann er loslegen. Schließlich dürfen die Menschen die Wichtel nicht sehen, das ist die erste Regel im Wichtelbuch.

„Auf geht's", jubelt Bente.

Wichtelpapa Ole hat schon den Leiterwagen für seinen Sohn hergerichtet. Darauf türmen sich die Wichteltür, die Haus-

wände, Fenster und das Dach für das Weihnachtshäuschen. Jetzt nur noch den Kachelofen verstauen und die schicken Möbel.

Im letzten Augenblick klettert Milli ganz nach oben und setzt sich in den Tannenzapfen-Schaukelstuhl. „Ich komme natürlich auch mit", strahlt sie.

Mama Jella hat zwei Biber gebeten, den Leiterwagen zu ziehen. Pünktlich zum ersten Mondstrahl tauchen sie auf. Es kann losgehen!

Das ist wirklich ein lustiger Umzug. Immer mehr Waldbewohner schließen sich der Truppe an und helfen Schieben. Denn der Leiterwagen ist mächtig vollgepackt. Puh! Die Biber kommen ganz schön ins Schwitzen. Die Eule fliegt voraus und weist ihnen den Weg bis zu Nelias Haus.

Gemeinsam laden sie den Leiterwagen ab. Dann schickt Bente seine Freunde zurück in den Wald. Denn das, was jetzt kommt, ist magisches Wichtelwerk.

Feierlich legt Bente die Handflächen auf seine Wichteltür und schließt die Augen. „Nelia, lass mich dein Weihnachtswichtel sein", flüstert er. Sein Herz klopft vor Aufregung ganz schnell.

Als hätte die Wichteltür plötzlich Flügel bekommen, schwebt sie auf die andere Seite der Fußleiste und baut sich wie selbstverständlich von selber auf. Passt wie angegossen.

„Juchhu, geschafft", freut sich Bente und Milli klatscht Beifall.

Der Rest ist ein Kinderspiel. Papa verschraubt die Hauswände miteinander, zusammen mit Mama hieven sie das Dach obenauf und schleppen die Möbel und den Ofen in das Haus. Milli räumt das Geschirr in den Küchenschrank.

„Ist das schön!", ruft sie. Begeistert wirft sich Bentes Schwester auf das weiche Bett. „Hier könnte ich für immer bleiben." Sie kuschelt sich in die Decke ein.

„Pscht. Nicht so laut", warnt Bente sie. „Du weckst Nelia auf."

Milli verzieht den Mund. „Nelia, Nelia. Immer nur Nelia."

Bente seufzt. „Nelia ist halt mein Weihnachtskind. Natürlich mache ich mir viele Gedanken um sie. Ich wünsche mir so sehr, dass ich ihr eine tolle Weihnachtszeit bescheren kann. Sei nicht traurig. Du bist doch meine allerliebste Schwester. Bald darfst du in die Wichtelschule gehen und kannst auch eine Weihnachtswichtelin werden."

Er nimmt seine rote Mütze ab und setzt sie Milli auf. „Die ist für dich. Dann bin ich trotzdem ein bisschen bei dir." Millis Wangen werden vor Freude rot wie die Mütze. Sie ist so überwältigt, dass sie ausnahmsweise mal gar nichts sagt.

Der Mond steht voll am Himmel, und es ist Zeit, Abschied zu nehmen. Bente hat ja noch jede Menge vor und auch der Wichtelpapa muss dringend los. Er hat eine junge Familie mit Zwillingen ausfindig gemacht, die seine Hilfe wirklich gebrauchen könnte.

„Mach's gut, mein Junge. Vergiss nicht zu essen und nasch nicht zu viele Süßigkeiten." Die Wichtelmama umarmt Bente und wischt sich eine Träne aus dem Augenwinkel. „Papa und ich haben dich doll lieb."

Wichtel Ole nickt Bente aufmunternd zu. „Wenn du Hilfe brauchst, sag der Eule Bescheid. Sie wird uns holen. Ganz viel Spaß."

Milli gibt ihrem Bruder einen dicken Schmatz auf die Wange. „Vergiss nicht, dass ich beim Basteln mithelfen darf", erinnert sie ihn.

Bente lacht. „Aber klar. Versprochen ist versprochen und wird nicht gebrochen."

Milli hüpft auf den leeren Leiterwagen und lässt sich vom Wichtelpapa nach Hause kutschieren. Denn um nachts allein durch den dunklen Wald zu laufen, ist das Wichtelkind noch viel zu klein.

3. Ein nächtlicher Ausflug
ins Kinderzimmer

Bente winkt Mama, Papa und Milli so lange hinterher, bis sie im Wald verschwunden sind. Dann geht er zurück und schließt die Eingangstür. Seltsam fühlt sich das an so ganz allein.

Der Mond schaut neugierig in sein Wohnzimmer und Bente zieht die Blümchen-Vorhänge vor dem Fenster zu. Mama hat sie extra für ihn genäht. Richtig gemütlich mein neues Zuhause, findet Bente.

Aber halt. Eine wichtige Sache fehlt ja noch. Er holt seine Schultasche hervor.

Darin befinden sich keine Schulbücher mehr, sondern hübsches Briefpapier, eine Schreibfeder und Buntstifte. Ordentlich legt er die Sachen auf seinen Schreibtisch neben einen hübschen Kerzenhalter.

Schließlich will er Nelia heute noch einen ersten Brief schreiben.

Aber erst einmal macht er den lang ersehnten Erkundungsspaziergang in Nelias Kinderzimmer. Feierlich setzt er eine nagelneue rote Zipfelmütze auf und dreht den Schlüssel im Schloss der Wichteltür um.

Leise öffnet Bente die Wichteltür und linst in das Kinderzimmer.

Als sich seine Augen an die Dunkelheit gewöhnt haben, entdeckt er ein blaues Nachtlicht neben dem Bett. Nelia schläft also tief und fest. Auf Zehenspitzen nähert er sich, klettert an der Bettkante hoch und schaut sie an.

Plötzlich zieht sie ihre Nase kraus und kichert leise. Bestimmt träumt sie etwas Lustiges. Ihre braunen Locken umranden ihr kleines Gesicht. Die Locken ähneln den Blätterranken auf der Wichteltür.

Da guckt ja der große Zeh unter der Bettdecke hervor. Bente berührt ihn zart.

„Hihi", macht Nelia. Aber der Zeh ist ganz eisig! Vorsichtig zieht Bente die Bettdecke darüber, damit sie sich nicht erkältet.

Schon will er sich wieder hinunterhangeln, da entdeckt er ein spitzes Ohr, das unter der Bettdecke hervorguckt.

Zuerst kriegt Bente einen riesigen Schreck, aber dann erkennt er Frau Maus, Nelias Kuscheltier, das sie manchmal auf ihre Waldspaziergänge mitnimmt. Die Maus hat zwei lustige schwarze Knopfaugen, die wie Perlen aussehen, und sehr lange braune Schnurrhaare.

In diesem Moment seufzt Nelia wohlig und kuschelt sich an ihre Maus. Das sieht so süß aus. Bente könnte ihr noch ewig beim Schlafen zugucken. Aber das geht nicht. Er hat wichtigere Pläne. Nur ein klein wenig Herumstöbern erlaubt er sich.

Über einem Sessel liegen Nelias Pullover und ihre Hose. In einem Hosenbein steckt eine rosa Socke. Die Socke hat vorne am Zeh ein Loch.

Bente schmunzelt. Dieser Zeh ist wirklich frech. Er schiebt sich nicht nur unter Bettdecken hervor, er bohrt auch Löcher in Socken. Wahrscheinlich ist er lieber an der frischen Luft.

Na, mal schauen, ob Bente da nicht helfen kann. In der Wichtelschule hat er sehr gut Nähen gelernt. Er schnappt sich die Socke. So langsam wird es Zeit, zurück in sein Häuschen zu gehen und den Brief zu schreiben. Aber da entdeckt er noch etwas sehr Spannendes.

Ein Puppenhaus! Mit mehreren Stockwerken. Wie putzig.

Es ist ähnlich eingerichtet wie sein eigenes Zuhause. Er würde es gerne mal austesten. Ob das Bett genauso weich ist wie seines?

Das machst du ein anderes Mal, Bente, ermahnt er sich mit tiefer Stimme. Fast wie der Wichtelpapa hört er sich an. Aber es funktioniert. Er wirft noch einen letzten sehnsüchtigen Blick auf die schöne Stehlampe im Puppenhaus. Ob er sich die mal borgen darf?

Jetzt aber eilig zurück in sein Weihnachtshäuschen. Das Streichholz zischt leise, als er es an der Schachtel reibt und mit

der Flamme die Kerze anzündet. Oh, das gibt aber ein schönes Licht. Feierlich nimmt er die Feder und beginnt zu schreiben.

Liebe Nelia!

Mein Name ist Bente und ich bin dein neuer Weihnachtswichtel.

Das ist kein Witz! Seit heute wohne ich hinter der Wichteltür in meinem kleinen Haus. Bis Weihnachten werde ich dir oft schreiben und dir mit kleinen Geschenken eine Freude machen. Ich fände es toll, wenn du mir antwortest.

Normalerweise wohne ich mit Mama, Papa und meiner Schwester Milli in unserem Wurzelhaus im Wald. Ich liebe Blau, aber auch Grün, und mein Hobby ist Singen. Sogar die Eule sagt, ich singe fast so schön wie die Nachtigall.

Ach, eines muss ich dir ja noch sagen: Bitte schaue nicht hinter die Wichteltür. Das ist streng verboten. So steht es in meinem Wichtelbuch.

Und da fällt mir noch was ein: Magst du Süßigkeiten auch so gerne wie ich? Ich habe dir ein kleines Geschenk gebastelt, Milli hat mir geholfen. Sie will nämlich auch mal Weihnachtswichtel werden.

Alles Liebe von deinem Bente

Bente legt die Schreibfeder zur Seite und schüttelt seine Hand aus. Puh, das war ganz schön anstrengend. Er nickt zufrieden, als er seinen Brief durchliest. Er hat keinen Fehler gefunden. Und Tintenkleckse hat er auch keine gemacht.

Er holt eine Kette hervor, die er mit Milli gebastelt hat. Vogelfedern wechseln sich mit Vogelbeeren ab, auch ein paar getrocknete Blätter aus dem Herbst haben sich dazwischengemogelt. Milli hat alles sorgfältig auf ein Stück Farn gefädelt. Die Kette ist wirklich sehr hübsch. Die beiden mussten lange suchen, bis sie genügend Federn zusammen hatten, denn die Waldtiere benutzen sie gerne, um ihre Nester und Höhlen auszupolstern. Vorsichtig wickelt Bente die Kette in rosa Seidenpapier ein. Jetzt ganz schnell Brief und Kette vor die Wichteltür legen.

Plötzlich ist Bente schrecklich müde. Er kann gar nicht mehr aufhören zu gähnen. Es war ein langer und anstrengender Tag. Nelias Socke stopft er heute nicht mehr. Morgen ist ja auch noch ein Tag.

Froh hüpft er in sein Bett und pustet die Kerze aus.

Gute Nacht.

Bunte Federkette

Möchtest du auch so eine hübsche Kette haben wie Nelia?
Du kannst Bentes Federkette ganz leicht nachbasteln.

Du brauchst:

- Vogelfedern vom Spaziergang
- Frisch gesammelte Vogelbeeren oder Hagebutten
- Getrocknete Herbstblätter
- Zum Auffädeln benutzt Milli ein Stück Farn. Es reicht auch ein dicker Baumwoll- oder Hanffaden.
- Bastelschere
- Nadel mit einem großen Öhr

1. Nun einfach die Beeren, Federn und Blätter mithilfe der Nadel abwechselnd auffädeln
2. Zum Schluss den Faden verknoten. Mach die Kette lang genug, damit sie über deinen Kopf passt.

Tipp: Denk daran, dass die Beeren beim Trocknen schrumpfen, also nimm ruhig einige mehr.

4. Ein aufregender Morgen

Der Wichtel schläft noch tief und fest, als Nelia die Augen aufschlägt. Kein Wunder, er ist ja auch erst mitten in der Nacht in sein weiches Bett geplumpst.

Nelia dagegen ist putzmunter. Sie hatte einen sehr lustigen Traum und ist deshalb richtig gut gelaunt. Aber das Einzige, woran sie sich erinnert, ist eine Zipfelmütze.

Eine rote, wippende Zipfelmütze.

„Mama, ich bin wach! Frühstück", ruft sie, noch bevor ihre Mutter ins Zimmer kommt, um sie zu wecken. Sie strampelt die Bettdecke von den Füßen und setzt sich auf die Bettkante. Nelia ist schon ein Schulkind und geht in die erste Klasse. Noch ein Tag Schule und danach ist Wochenende. Da kann Nelia richtig ausschlafen.

Am Sonntag ist der erste Advent und sie darf endlich die erste Kerze auf dem tollen Adventskranz anzünden, den sie zusammen mit Mama gebastelt hat. In der Weihnachtskiste, die Papa vom Dachboden heruntergeholt hat, lagen noch ein paar rote

Holzäpfel, mit denen haben sie den Kranz geschmückt. Zuletzt hat Nelia Kräuter im Garten gepflückt. Jetzt duftet der Kranz lecker nach Wald, Salbei und Rosmarin. So einen schönen Adventskranz hat sonst niemand.

Der Kranz steht auf einem kleinen Tischchen im Wohnzimmer und Nelia wartet sehnsüchtig auf den ersten Advent. „Wenn die erste Kerze brennt, dann haben wir Advent", singt sie Frau Maus vor und hüpft auf den Teppich. Im selben Augenblick entdeckt sie die Wichteltür über der Fußleiste an der Wand.

Nelia reißt die Augen weit auf. „Was ist denn das?", fragt sie verwundert.

Sie rennt zu der kleinen Tür und tippt vorsichtig mit dem Finger dagegen. „Hallo. Ist da jemand drin?"

Gerade, als sie die Tür öffnen will, taucht Mama auf.

„Komm her, Mama", ruft Nelia aufgeregt. „Da ist plötzlich eine Tür in der Wand. Weißt du, wo die hinführt?" Sie rüttelt am Griff.

„Stopp!", sagt Mama und hockt sich neben Nelia. „Erst mal gucken. Was liegt denn hier auf dem Boden?"

„Ein Geschenk! Und ein Brief!" Nelia ist ganz aus dem Häuschen. Sie reißt das Papier auf und zieht die Kette hervor. „Ohh." Nelias Augen glänzen.

Sie streicht vorsichtig über die weichen Federn. „Vogelfedern. Sind die schön. Von wem ist die Kette denn?"

Mama zuckt mit den Achseln. „Vielleicht steht was in dem Brief."

Das ist eine gute Idee. Nelia klappt den Brief erwartungsvoll auf. „Der ist aber lang. Und mit Füller geschrieben." Nelia kennt noch nicht alle Buchstaben, aber mit Mamas Hilfe klappt das Lesen ausgezeichnet.

„Ein Weihnachtswichtel!", quietscht Nelia begeistert. „Ein Weihnachtswichtel ist bei mir eingezogen. Ich freu mich so, ich freu mich so." Sie trällert ihre Freude laut hinaus.

„Gut, dass ich die Tür nicht aufgemacht habe, Frau Maus", sagt sie. Dann hängt sie sich die Federkette um. „Ich muss Bente sofort zurückschreiben." Mama schüttelt den Kopf. „Erst mal geht's in die Schule", sagt sie.

„Du hast am Nachmittag Zeit, deinem neuen Freund zu schreiben." Nelia nickt eifrig. „Und morgen und übermorgen."

Sie springt auf. „Das muss ich sofort Papa erzählen", sagt Nelia und rennt schon los.

„Paaaapa. Überraschung! Ein Weihnachtswichtel wohnt in meinem Zimmer!"

Duftender Adventskranz

Für Nelias Kranz brauchst du:

- Strohkranz
- Tannengrün
- Bindedraht, Gartenschere, Nadel und Zwirn
- Salbei und Rosmarin
- Holzäpfel
- Kerzenhalter

1. Schneide die Zweige so zurecht, dass sie auf den Kranz passen.

2. Befestige die Zweige mit dem Draht, indem du sie mehrfach umwickelst. Das wiederholst du, bis der Kranz üppig grün aussieht.

3. Dann geht es ans Dekorieren. Du kannst in die Zweige stecken, was du magst. Nelia pflückt Salbei und Rosmarin im Kräutergarten und Mama näht die Büschel mit einem dicken Zwirn fest. Dazwischen steckt sie rote Holzäpfel.
Getrocknete Beeren, Herbstblätter und Walnüsse, die du mit goldener oder silberner Farbe anmalst, sehen auch schön aus.

4. Jetzt nur noch vier dicke Kerzen auf Kerzenhalter stecken. Du kannst aber auch LED-Kerzen nehmen.

5. Nelia erfindet ein Lied

Bente wacht auf, weil er jemand wunderschön singen hört.

Er streckt sich ausgiebig und guckt sich erstaunt um. Wo bin ich nur, und warum duftet es nicht nach Wichtelmamas Frühstücksbrei? Müde reibt er sich den Schlaf aus den Augen. Eigentlich ist es noch viel zu früh, um aufzustehen. Er versucht, sich zu erinnern, was gestern passiert ist. Na klar.

Er ist doch nun ein Weihnachtswichtel und wohnt bei Nelia, hinter der Wichteltür.

Für einen Moment hat er das ganz vergessen. Sein Bauch knurrt unverschämt.

Ab jetzt musst er sich selbst um sein Frühstück kümmern.

Er steigt aus seinem kuscheligen Bett, schlüpft in die Hausschuhe und tapst zum Küchenschrank. So ein Glück, dass ihm die netten Waldmäuse ein wenig Essen mitgegeben haben. Ausgehungert löffelt er die gefüllten Eicheln bis auf das letzte Korn leer. Mit hungrigem Bauch wichteln geht gar nicht.

Nun will er aber wissen, wer so eine schöne Stimme hat. Er

läuft zur Wichteltür. Wichtelpapa hat in der Tür ein winziges Loch ausgeschnitten und eine Klappe davor gesetzt. Wenn man die Klappe wegschiebt, kann man sehen, was auf der anderen Seite passiert, ohne dass man die Tür öffnen muss. Wichtelpapa hat wirklich die allerbesten Ideen.

Neugierig schaut Bente durch das Loch und entdeckt Nelia auf dem Fußboden mit Papier und Kleber sitzen und singen. Sein Herz macht einen frohen Hüpfer. Denn um ihren Hals hängt die Federkette. Hübsch sieht Nelia damit aus. Schade, dass Milli sie nicht sehen kann, sie würde sich riesig darüber freuen. Ob Nelia auch schon seinen Brief gelesen hat?

Er legt sein Ohr an das Türblatt, um besser zu verstehen, was sie singt.

„Ich habe einen Freund, der wohnt in meinem Haus, und dieser neue Freund, ist klein wie eine Maus. Er ist ein lieber Wicht, nur treffen darf ich ihn nicht, drum schreibe ich ihm, was ich so mag, ab heute Tag für Tag."

Vor Staunen bleibt Bente der Mund offen stehen. Nelia ist ja nicht nur eine begabte Sängerin, sie ist auch eine großartige Dichterin. Er ist ganz gerührt, dass sie sich so ein tolles Lied über ihn ausgedacht hat.

Schade, dass Mama und Papa das Lied nicht hören können. Er guckt erneut durch das Guckloch. Was bastelt Nelia denn da?

„Den Umschlag mache ich für Bente", erklärt sie Frau Maus gerade. „Und danach schreibe ich einen Brief. Ganz alleine, ohne Mama. Mit den Buchstaben, die ich schon kann." Bente spürt, wie er vor Rührung ganz feuchte Augen kriegt. Nelia ist so nett. Aber das hat er gleich beim ersten Mal gewusst, als er sie im Wald beobachtet hat.

Ich werde wieder etwas Schönes basteln, beschließt er. Was könnte Nelia denn gebrauchen, grübelt er. Er hat einen Geistesblitz. Das Puppenhaus ist zwar eigentlich perfekt eingerichtet, aber es hat gar keine Bewohner. Aus Steinen, Früchten und kleinen Zweigen könnte er Püppchen basteln.

„Ich muss heute Holz für den Ofen sammeln", sagt Bente laut. „Da kann ich die Bastelsachen gleich mitbringen." Eilig zieht er sich an. Das wird ein Spaß. Er freut sich schon auf Nelias Gesicht, wenn das große Puppenhaus plötzlich bewohnt ist.

Nelias Basteltipp

Briefumschlag für die Wichtelpost

Einen Briefumschlag selber zu falten, ist wirklich einfach.

Du brauchst:

- Schönes DIN-A4-Papier
- Einen Kleber

1. Falte das Papier so, dass zwei Mittellinien entstehen und streife das Papier wieder auseinander.

2. Drehe das Papier längs: schmale Seiten nach oben und unten.

3. Falte von unten zwei große Dreiecke in die Mitte des Papiers. Das Blatt ist jetzt unten spitz wie bei einem Flieger.

4. Falte nun die Seiten links und rechts ungefähr 2 cm oder zwei Daumenbreit nach innen.

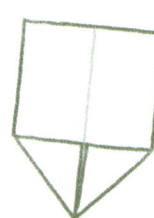

5. Dann kommt die obere Hälfte des Papiers dran: Falte sie zum Dreieck hin. Kannst du den Briefumschlag schon erkennen?

6. Jetzt nur noch die schmalen Seiten mit Kleber einstreichen und festdrücken.

7. Bemale den Umschlag nach Herzenslust. Blumen oder Tiere können hübsch aussehen. Oder willst du lieber dich selber zeichnen?

Diesen tollen Briefumschlag gibt es nur ein Mal auf der Welt!

6. Neue Bewohner im Puppenhaus

Beim Holzsammeln trifft Bente seine Schwester Milli. Er hat den Verdacht, dass sie auf ihn gewartet hat. Wahrscheinlich langweilt sie sich ohne ihn.

Milli hilft Bente beim Holzsammeln und auch die Zweige und Gräser für die Püppchen suchen sie zusammen. Unter dem großen Kastanienbaum am Waldesrand findet Bente noch viele schöne Kastanien aus dem Herbst. Damit lässt es sich wunderbar basteln.

„Fädle sie doch auf eine Kette auf", schlägt Milli vor.

Bente schüttelt den Kopf. „Nelia hat doch schon die Federkette. Zwei Ketten braucht sie nicht."

Milli ist anderer Meinung. Ketten kann sie nie genug haben.

„Darf ich mit zu dir kommen und beim Püppchen-Basteln helfen?", bettelt sie.

Das kann Bente leider nicht erlauben. Im Wichtelhaus darf nur der Weihnachtswichtel werkeln, steht im Wichtelbuch.

Ganz schön streng.

Milli begleitet ihren großen Bruder noch ein Stück, aber dann schickt er sie zurück zu den Eltern. Sie winkt ihm enttäuscht hinterher.

„Ziemlich frisch ist es hier", findet Bente, als er in sein Wichtelhaus zurückkommt.

Mit seinem Taschenmesser spaltet er ein Holzstück zu dünnen Spänen, die legt er mit etwas zusammengeknülltem Papier zuunterst in den Ofen.

Danach stapelt er wie bei einem Lagerfeuer Holzscheite darüber und zündet das Papier mit einem Streichholz an. Pfui, das qualmt ja wie verrückt.

Hustend reißt er das Fenster auf. Irgendetwas läuft hier schief. Hoffentlich zieht der Rauch nicht auch ins Kinderzimmer.

Wenn nur Mama hier wäre. Die befeuert den Ofen im Wurzelhaus jeden Morgen ganz ohne Gestank.

„Derrigigigi. Derrigigigi", klingt es am offenen Fenster.

Eine Amsel sitzt auf der Fensterbank und flattert aufgeregt mit den Flügeln. „Bente, brennt es bei dir?"

Der Wichtel schüttelt verzweifelt den Kopf, während er mit einer Zeitung versucht, den Rauch wegzuwedeln. „Der Ofen ist kaputt", klagt er.

Die Amsel legt den Kopf schief. „Hast du die Abzugsklappe geöffnet? Der silberne Hebel da unten am Ofenrohr." Sie deutet mit dem Schnabel dorthin.

Bente klatscht in die Hände. „Oh nein. Das hab ich ganz vergessen." Eilig holt er es nach und der Qualm verzieht sich. „Danke, liebe Amsel." Er schenkt ihr eine Handvoll Beeren, die er im Wald gepflückt hat.

Nach einer Weile schließt Bente das Fenster und bindet sich einen Schal um. Dicke Socken sucht er auch noch heraus. Bis es im Wichtelhaus gemütlich warm wird, dauert es wohl noch eine Weile. Dann setzt er sich an den Küchentisch und holt die Bastelsachen hervor.

Geschickt fügt er Kastanien und Haseln mit Zweigen und Zahnstochern zusammen und verziert ihre „Köpfe" mit langen Grashalmen und Moos. Eine echt schöne Haarmähne ist das. Danach malt er ihnen lachende Gesichter und klebt ihre Füße auf die flachen Steine, die er gesammelt hat. Stolz betrachtet er sein Werk.

Die Kastanienfamilie passt toll in das Puppenhaus. Als Bente die Püppchen bewundert, meldet sein Bauch wieder einmal Hunger. Zeit für eine leckere Pilzpfanne.

Er hat im Wald einen saftigen Winterpilz gefunden, den schneidet er in Streifen und brät ihn mit einer Handvoll Kräu-

ter. Zusammen mit einem frisch gebrühten Pfefferminztee ist das ein echtes Festessen.

Inzwischen ist es Abend. Ob Nelia schon im Bett liegt? Bente schaut durch das Guckloch und sieht, wie Nelias Mama ihr eine Einschlafgeschichte vorliest. Sogleich bekommt er Sehnsucht nach seiner eigenen Wichtelmama.

Sie hat ihm immer erzählt, was sie im Wald erlebt hat, wenn sie ihn ins Bett gebracht hat, und ihm zum Schluss einen Kuss auf die Nasenspitze gegeben.

„Gute Nacht mein Schatz. Und träum süß", sagt Nelias Mama gerade und gibt ihr einen Kuss. „Ja. Ich träum vom Wichtel Bente. Hoffentlich schmeckt ihm meine Überraschung genauso gut wie mir."

Was kann das denn Leckeres sein?, fragt sich Bente aufgeregt. Er kann es gar nicht erwarten, bis Nelia endlich eingeschlafen ist. Das dauert viel zu lange, findet Bente, der ungeduldig hinter der Wichteltür wartet. Nelia quatscht noch eine halbe Ewigkeit mit Frau Maus.

Plötzlich ist es still. Und wenig später traut sich Bente, die Wichteltür zu öffnen und ins Kinderzimmer zu huschen.

Ups. Er stößt sich den großen Zeh an einer Schale, die direkt vor seiner Tür steht. „Schokopudding!", ruft Bente erfreut. Im nächsten Moment schlägt er sich mit der Hand auf den Mund. Hoffentlich hat er Nelia nicht wieder aufgeweckt. „Lecker", flüstert er.

Der Pudding hat eine lustige Streuselmütze und auf einem

Zettel daneben steht in krakeliger Schrift: Für Bente. Gutten Apetit. Auch ein Löffel liegt da. Das ist genau der richtige Nachtisch für den Wichtel. Es dauert nicht länger als fünf Sekunden, dann ist die Schale leer. Bente schleckt sie sogar noch mit der Zunge sauber wie ein Kätzchen.

Wie im Schlaraffenland freut sich der Wichtel und reibt sich den Bauch. Erst jetzt entdeckt er den hübschen Briefumschlag, den Nelia an seine Tür gepinnt hat. Auch darauf steht sein Name. Der Umschlag ist so wundervoll bemalt, dass Bente ihn gar nicht aufreißen mag. Aber er ist einfach zu neugierig. So vorsichtig wie möglich öffnet er ihn und fummelt den Brief heraus.

„Hallo Bente", liest er flüsternd. „Du bist nett. Die Kette ist toll. Ich liebe Rot und Gelb und Lila. Ich kann singen. Ich bin eine Quatschtante, sagt Mama. Ich bin gerne deine Freundin. Nelia." Bente liest den Brief gleich noch mal und dann noch einmal und noch einmal. So lange, bis er ihn auswendig kann. Das ist der allerschönste Brief, den er jemals bekommen hat.

Schnell läuft er zurück ins Wichtelhäuschen und holt die Kastanien-Familie. „Ihr seid aber ganz schön schwer", keucht Bente. Ratlos steht er vor dem Puppenhaus und überlegt, wie er die Püppchen nach oben kriegen soll.

„Ich brauche eine Leiter", murmelt er und guckt sich suchend um. „Suuuper", ruft er schon wieder viel zu laut. Da steht ein knallrotes Feuerwehrauto. Er springt in das Führerhaus und

drückt den START-Knopf. Das Feuerwehrauto düst los und kracht gegen das Stuhlbein.

„Nicht so schnell", schimpft Bente. Er legt den Rückwärtsgang ein und lenkt das Feuerwehrauto zum Puppenhaus. Dort fährt er die Leiter aus und verteilt die Püppchen in den Zimmern des Puppenhauses. Perfekt. Nelia wird Augen machen. Dann fährt er noch eine Extrarunde mit dem Feuerwehrauto. Wenn man den Bogen raushat, macht es echt Spaß.

Nelia bewegt sich unruhig in ihrem Bett und streckt wieder mal den Zeh unter der Bettdecke hervor. Da schnappt sich Bente eilig seinen Brief und macht sich auch auf den Weg ins Bett. Weihnachtswichtel sein macht ganz schön müde.

„Ich bin auch gerne dein Freund, Nelia. Träum schön", murmelt er. Dann ist er auch schon eingeschlafen.

Lustige Kastanienpüppchen

Hast du noch Kastanien und Haseln aus dem Herbst?
Dann bastle wie Bente eine ganze Familie daraus.

Du brauchst:

- Kastanien und Haseln
- Zahnstocher
- Moos, lange Grashalme oder feste Stängel
- Kastanienschale
- Flache Steine
- Bastelkleber
- Einen hellen Lackstift

1. Stecke die Kastanien und Haseln mit Zahnstochern zusammen.
2. Verziere ihre Köpfe mit dem Moos, den Grashalmen und Weizenähren. Das sind die Haare!
3. Nimm den Lackstift und male lustige Gesichter.
4. Falls du noch eine stachelige Kastanienschale aufgehoben hast, wäre das der perfekte Hut.
5. Damit die Püppchen nicht umkippen, klebe sie auf den flachen Steinen fest.

Fertig ist die Kastanienfamilie!

Mützen-Schokopudding

Du brauchst:

- ½ Tafel Schokolade
- ½ Liter fettarme Milch
- 2 Esslöffel Rohrzucker
- 4 Esslöffel Speisestärke
- 1 Schneebesen, Backpapier und Schere
- Bunte Streusel

1. Hacke die Schokolade in grobe Stücke.

2. Bringe die Hälfte der Milch zum Kochen und schmelze die Schokolade darin.

3. In der restlichen Milch verrührst du die Stärke und den Zucker.

4. Gebe die Mischung unter ständigem Rühren in die Schokomilch. So entstehen keine Klümpchen.

5. Den fertigen Pudding in Schälchen füllen und erkalten lassen.

6. Jetzt noch die Streuselmütze: Zeichne eine Wichtelmütze auf Backpapier und schneide sie aus.

7. Lege das Blatt mit dem Mützenloch auf deinen kalten Pudding und streue bunte Streusel in das Loch. Schon hast du eine hübsche Mütze auf deinem Pudding.

Guten Appetit!

7. Ein aufregender Advent

Es ist der erste Advent. Nelia reißt Bente mit einem lauten Schrei viel zu früh aus dem Schlaf. „Oh wie süüüüß. Mama, komm mal schnell gucken." Schlaftrunken tapert Bente zu seinem Guckloch und sieht Nelia wie einen Flummi vor dem Puppenhaus hüpfen. Sein Herz hüpft vor Freude mit.

„Und den Pudding hat Bente auch aufgegessen", berichtet Nelia ihrer Mutter aufgeregt. Sie will sich gar nicht von ihrem Puppenhaus trennen. Erst als Papa sie mit frisch gebackenen Waffeln lockt, verschwindet Nelia in die Küche.

Mit einem wärmenden Kräutertee verzieht sich der Wichtel wieder ins Bett. Waffeln mit viel Puderzucker würden ihm auch schmecken. Wichtelmamas Mandelkekse sind aber auch köstlich. Er schnappt sich einen und tunkt ihn in seinen Tee. Eigentlich könnte er noch ein Stündchen schlafen. Doch nach dem Frühstück singt Nelia so schöne Weihnachtslieder, dass an einen ruhigen Morgenschlaf nicht mehr zu denken ist. Also macht es sich Bente gemütlich und singt leise mit.

„Morgen kommt der Weihnachtsmann, kommt mit seinen Gaben."

Bente schüttelt den Kopf. „Das stimmt ja gar nicht. Da weiß ich einen besseren Text – Morgen kommt der Weihnachtswichtel, kommt mit seinen Gaben." Er kichert. Mal überlegen, welche Gabe er als nächstes vor die Wichteltür legen wird. Wirklich schade, dass zwar Bente weiß, wie Nelia aussieht, aber Nelia keine Ahnung hat, wie Bente aussieht.

„Das kann ich ändern!", ruft er. „Ich male einfach ein Bild von mir und schenke es Nelia." Also holt er einen Block und die Buntstifte und setzt sich vor einen Spiegel. „Gar nicht leicht mich selber zu zeichnen", murmelt er. Am besten gelingen ihm die Ohren, die unter seiner roten Mütze hervorlugen.

„Eigentlich bin ich sehr hübsch", sagt er zu seinem fertigen Bild. In der Ecke unten links schreibt er *Künstler: Wichtel Bente*.

„Ich brauche aber unbedingt noch einen Bilderrahmen", sagt er zum Spatz, der eben auf dem Fensterbrett gelandet ist und neugierig zuguckt. „Erkennst du mich darauf?" Er hält die Zeichnung neben seinen Kopf.

„Tschilp, tschilp, tschilp", antwortet der Spatz und pickt app-laudierend gegen die Scheibe.

Bente strahlt und zerbröckelt einen Keks. „Lass es dir schme-cken, Spätzchen." Der Spatz pickt den Keks bis auf den letzten Krümel auf und fliegt zwitschernd Richtung Wald. Bente schaut ihm nachdenklich hinterher. Wie es Mama und Papa wohl geht? Plötzlich entdeckt er etwas Rotes, Zipfeliges. Ist das etwa Milli?

Er holt das Fernglas vom Wichtelpapa und schaut hindurch. Kein Zweifel. Die hüpfende Wichtelmütze ist Milli. Auf einmal hat er große Sehnsucht nach ihr. Er beschließt, statt Mittags-schlaf einen Spaziergang in den Wald zu machen.

Milli kommt ihm wie ein Pony entgegengaloppiert. „Bente, ich vermisse dich so." Sie umarmt ihn so stürmisch, dass sie umkip-pen und über den moosigen Boden kugeln. Milli wischt sich eine Träne aus dem Augenwinkel. Ist die vom Lachen oder Weinen?

„Geht es dir gut?", fragt Bente besorgt.

Milli nickt. „Jetzt schon. Du bist ja da. Was machst du denn hier?"

Bente zuckt mit den Achseln. „Ach, nur ein wenig Waldluft schnappen", schwindelt er. „Und einen Bilderrahmen suchen. Weißt du, wo ich einen her-bekomme?"

Milli lacht. „Nichts leichter als das. Natürlich selber basteln."
Dass Bente darauf nicht selber gekommen ist.

„Ich helfe dir", sagt Milli eifrig. „Wir sammeln, was wir im Wald finden. Alles, was herumliegt. So ein Bilderrahmen ist im Nu fertig."

Bente seufzt erleichtert. Auf seine Schwester ist einfach Verlass.

Der Bilderrahmen gelingt richtig gut. „Du bist echt geschickt", lobt Bente sie. „Zusammen macht das viel mehr Spaß", strahlt Milli.

Danach sammeln sie Moos und verschieden große Zapfen, mit denen will Bente in den nächsten Tagen sein Wichtelhaus weihnachtlich schmücken. „Heute ist nämlich der erste Advent. Da wird eine Kerze am Adventskranz angezündet", sagt er. Milli staunt, was ihr Bruder alles weiß.

„Du kannst doch das Wurzelhaus schmücken", schlägt er vor. „Mama freut sich bestimmt ganz doll. Und gibt dir einen Kuss auf die Nasenspitze."

Milli lacht. „Erst mal kriegst du einen von mir." Und sie drückt ihm zum Abschied einen richtig dicken Schmatz auf die Wange.

Es wird schon Abend, als Bente hinter die Wichteltür zurückkehrt. Geschickt fummelt er das Bild für Nelia in den Bilderrahmen. Die Zapfen riechen nach Wald. Er muss sich später unbedingt ins Wohnzimmer schleichen und den Adventskranz bewundern. Aber erst einmal will er ein Nickerchen in seinem Tannenzapfen-Schaukelstuhl machen. Im Nu hat er sich in den Schlaf gewippt.

Als Bente wieder aufwacht, ist es schon dunkel und Nelia träumt bereits in ihrem Bett. Was leuchtet denn da vor der Wichteltür? Neugierig öffnet er sie und schaut hinaus.

Oh, wie schön! Da steht eine Kerze auf einem Tannenzweig.

Die Flamme ist elektrisch, das ist auf dem Teppich sicherer. Eine kleine Karte liegt auch dabei:

Lieber Bente,
Advent, Advent ein Lichtlein brennt.
Die Pfeffernuss ist für dich mit Kuss.
Hihi. Ein Reim. Fein.

„Lecker!", jubiliert Bente und will die Pfeffernuss gleich ganz in den Mund schieben. Aber dafür ist sie viel zu groß. Er beißt ein kleines Stück ab und noch eines. Hmmh. Köstlich. Jetzt aber ab ins Wohnzimmer.

Staunend betrachtet der Wichtel den Adventskranz. Wie der duftet. Und die Äpfel sehen so lecker aus. Er reibt sich seinen Bauch. Von der Pfeffernuss ist er noch hungriger geworden. Vielleicht sollte er ein winziges Stück Apfel ... nur ein ganz, ganz winziges ... er zieht sich am Tischbein hinauf wie an einer Kletterstange und beißt mit Genuss in einen Apfel.

„Autsch!" Die sind ja ganz hart. Fast wie Steine. Bente klopft dagegen. „Holz!" Sein Bauch knurrt empört. Enttäuscht will er wieder hinunterrutschen, da entdeckt er die Obstschale. Äpfel, Mandarinen und Weintrauben liegen darin. Auf eine Weintraube hat er riesigen Appetit.

„Süß!", jubelt er, als er in eine rote Traube hineinbeißt. Hintereinander probiert Bente fünf Trauben und schlürft ihren Saft. Die Schalen und Kerne lässt er liegen. Als Nächstes nagt er den Apfel an. Er mampft sich bis zum Kerngehäuse vor. Ob der grüne Apfel anders schmeckt? „Uiih! Sauer."

Schade, dass die Mandarinen so eine dicke Schale haben. Das nächste Mal bringt er sein Taschenmesser mit. Auf dem Rätselheft entdeckt Bente einen Kugelschreiber. Er schnappt sich den Stift und malt den Mandarinen lustige Fratzen.

Als er gerade überlegt, ob er noch eine grüne Weintraube naschen soll, hört er ein tiefes Knurren. Sofort beginnt Bente am ganzen Leib zu zittern. Das hört sich sehr gefährlich an. Vorsichtig lugt er über die Tischkante.

„Huch!" Er schreckt zurück und versteckt sich hinter der Obstschale. Es ist Ronja, die Familienhündin. Sie ist zwar noch ziemlich klein, aber sie guckt sehr böse und fletscht ihre Zähne. Jetzt läuft Ronja um den Tisch herum und knurrt Bente von der anderen Seite an.

„Hallo, Ronja", sagt Bente mit zitternder Stimme. „Alles prima?" Wie komme ich bloß zurück hinter die Wichteltür, denkt er verzweifelt. Plötzlich hat er einen Geistesblitz. Ronja spielt doch so gerne Ball, das hat Bente im Wald beobachtet. „Huhu, Ronja, fang mal!"

Bente wirft ihr eine Weintraube zu. Begeistert jagt Ronja der Traube hinterher und kickt sie unter den Schrank. Und noch eine und eine weitere.

Schließlich sind fast alle Weintrauben im Wohnzimmer verteilt.

Ronja hechelt erschöpft und trollt sich in ihren Korb im Flur. Dort schläft sie in Sekundenschnelle ein. Noch müder als Ronja saust Bente in sein sicheres Häuschen. Er schafft nur noch *„Für Nelia, das bin ich. Damit du weißt, wie ich aussehe. Kuss, das muss (haha auch gereimt) Dein Bente"* auf einen Zettel zu schreiben und das Bild vor die Tür zu legen. Beim Zähneputzen fallen ihm die Augen zu und er schafft es gerade noch in sein Bett.

Puh! Noch einmal Glück gehabt.

Ein wichtelstarker Bilderrahmen

Um Utensilien für einen tollen Bilderrahmen zu finden, mache wie Bente und Milli einen Spaziergang in den Wald oder in den Park.

Du brauchst:

- Schöne Rinde und biegsame Zweige von der Birke
- Tanne, Beeren, Blüten, Moos und verschiedene Herbstblätter
- Breite Gräser oder grobe Schnur zum Zusammenbinden

1. Lege zu Hause einfach ein Viereck aus den Zweigen und der Rinde in der Größe, die du für dein Bild benötigst.

2. Dann umwickle die Ecken des Vierecks mit den breiten Gräsern. Statt der Gräser kannst du auch eine grobe Schnur nehmen.

3. Verschönere den Rahmen danach mit deinen Fundsachen aus dem Wald. Zum Festbinden eignen sich Gräser und Stängel. Wenn du magst, kannst du auch Moos auf den Rahmen kleben.

4. Zum Schluss noch von hinten ein Bild befestigen und fertig!

8. Eine ziemlich wichtelige Woche

Die neue Woche beginnt mit viel schlechtem Gewissen. Denn Bente hat das Durcheinander ja nicht mehr aufgeräumt. Dafür schläft er nach diesem Abenteuer wie ein Bär. Nicht einmal Nelias Jubel über sein Bild hört er.

Als er aufwacht, ist Nelia längst in der Schule. So aufregend hat sich Bente das Weihnachtswichtel-Leben nicht vorgestellt. Aber vor der Wichteltür gibt es eine große Überraschung. Nelia hat den Briefkasten aus dem Puppenhaus an seiner Wichteltür befestigt. In dem Briefkasten steckt ein sehr süßer Brief an ihn. Den hat sie gleich nach dem Aufstehen geschrieben.

Hallo du, lieber Bente.

Du kanst aba super zeichnen. Jetzt weiß ich, wie du ausschaust.

Mama sagt, Wichtel sind frech. Sie war sehr sauer wegen der Weintrauben und der Matsche Äpfel. Warst das wirklich du? Ich musste lachen (heimlich). Die Mandarinen sind auch sauer (lach) und so gucken sie jetzt auch. Wiitzig.

Ich mag deine Mütze doll. Und dich auch.

Kuss Nelia.

Noch was Wichtiges. Der Briefkasten ist für dich. Die Püppchen kriegen sowieso nie Post.

Bente seufzt sehr erleichtert, weil Nelia nicht böse auf ihn ist. Aber das mit ihrer Mama muss er wieder in Ordnung bringen. Er setzt sich sofort an seinen Schreibtisch und sucht ein besonders schönes Blatt Papier aus.

Liebe Nelia,

ich bin so froh, dass du immer noch meine Freundin bist. Ich wollte nur eine winzige Weintraube probieren. Aber sie war so lecker! Und dann musste ich mich vor Ronja retten. So ist die Unordnung passiert.

Über den Briefkasten freue ich mich riesig.

Bitte richte deiner Mama aus, dass es mir leidtut.

Ich mache es wieder gut.

Dein Freund Bente.

Als Nächstes macht der Wichtel eine Liste, mit welchen Taten er Nelias Mama versöhnen kann. Ganz oben steht *Im Haus helfen: Blumengießen, Wäsche sortieren, Wohnzimmer aufräumen, abwaschen, beim Kochen helfen, kaputte Sachen flicken.*

Mit der rosa Socke fängt er an, dann kümmert er sich um die Blumen.

Die Kakteen sehen aber sehr vertrocknet aus. Denen würde ein Wasserbad guttun. Gesagt, getan. Einmal kräftig untertunken. Aber warum fallen dem Weihnachtskaktus danach die Blüten ab? Bente hat Angst, dass wieder jemand sauer auf ihn ist. Er leiht sich den Kleber aus Nelias Schultasche und pappt die schönen lila Blüten wieder an. Puh. Keiner hat es gemerkt. Noch mal Glück gehabt.

Am Dienstag nimmt Bente sich das Bücherregal im Wohn-zimmer vor.

Dieses Mal schiebt er die Tür ganz zu, damit Ronja ihn nicht wieder überrascht. Die Bücher stehen ganz unordentlich da. Eine halbe Nacht ackert er, bis er sie alle nach Farben und Größe sortiert hat. Erst im Morgengrauen schleicht Bente sich wieder hinter die Wichteltür, vorbei an der schnarchenden Hündin Ronja. Höchste Zeit, selber zu schlafen. Aber vorher will er noch eine Überraschung für Nelia basteln.

Er hat ein uraltes Buch aus dem Bücherregal stibitzt. Es ist schon ganz gelb und hat lauter Risse. Das wird bestimmt niemand mehr vermissen. Er faltet aus dem Buch eine wunderschöne Lesemaus. Als Augen bekommt die Maus zwei Knöpfe und ihr Schwanz ist ein Stück rote Kordel. Ist die putzig!

Leider sind Menschen wirklich merkwürdig. Das erfährt Bente am nächsten Tag. Besonders die Erwachsenen. Irgendwie kann er es ihnen nicht recht machen. Nelias Papa findet das regenbogenfarbene Bücherregal gar nicht schön und er meckert viel.

Mama lacht nur. „Ich glaube, wir haben wirklich Wichtel im Haus! Oder wer hat Nelias Socke so wunderschön gestopft?"

Papa vermisst nach dem Umräumen ein altes wertvolles Buch und Bente zittert. Ob es das Buch ist, aus dem er die Lesemaus gebastelt hat? Hoffentlich fliegt er nicht auf. Nur Nelia ist richtig glücklich mit ihrer Maus. Langsam kapiert Bente, warum Weihnachtswichtel am liebsten Kinder beschenken. Nur mit denen hat man richtig Spaß.

Jetzt wird es aber allerhöchste Zeit, dass Bente sich um sein eigenes Haus kümmert. Als alle schlafen, legt er los. Vor seiner Wicheltür baut er sich aus Moos einen kleinen Vorgarten. Dann faltet er aus buntem Papier, das er in Nelias Zeichenmappe findet, winzige Pflanzen. Tulpen, Veilchen, Löwenzahn, einen Fliegenpilz und sogar einen Tannenbaum pfriemelt er in das weiche Moos.

Schließlich sieht es aus, als würde er mitten in einer Blumenwiese wohnen. Ob Nelia der Garten gefällt?

Noch vor der Schule schreibt Nelia einen Brief und steckt ihn
in den Briefkasten:

lieber Bente,
du bist ein Künztler. Ein paar Tieren fehlen aba.
Deine Nelia

In ihrer Bastelgruppe malt Nelia eine Gans, ein großes Schwein-
chen, zwei kleine Ferkel und einen Hahn mit buntem Gefieder.
Nach dem Mittagessen schneidet sie den Mini-Bauernhof aus
und klebt jedes Tier auf Pappe.

lieber Bente,
hier sind deine neuen Freunde.
Hofentlich gefallen sie dirr.

„Herrlich", freut sich Bente, als er den Brief liest und die
Tiere im Vorgarten betrachtet. „Aber einen Stall
brauchen sie natürlich auch."
    Er hat noch jede Menge Zweige und Holz.
Eine ganze Weile hört man nur Hämmern
und Sägen hinter der Wichteltür.

Weil nur Ronja zu Hause ist, bemerkt den Lärm außer der Hündin niemand. Sie beschwert sich knurrend und schubst ihre Schnauze gegen die Wichteltür. Schließlich wird es ihr langweilig und sie verzieht sich in ihren Korb zum Schlafen.

Als Nelia mit Mama vom Weihnachtssingen zurückkommt, entdeckt sie den Stall. „Toll, genauso habe ich mir das vorgestellt!" Sie stellt die Ferkel in den Stall. „Hörst du mich, Bente?", ruft sie. „Du bist ein richtiger Schatz."

Bente kauert hinter der Tür und wird rot vor Freude. So schade, dass er nicht zu Nelia hinauslaufen und sie umarmen kann.

Als das Wochenende naht, ist Bente zwar ziemlich erschöpft von der wichteligen Woche. Aber Weihnachtswichtel sein ist einfach toll. Nur Nelias Papa meckert ständig über Bente, obwohl der so gut mithilft. Deshalb hat Bente heute seine Schuhbänder im Adventskranz versteckt.

„Selber schuld", grinst Bente hinter der Wichteltür, als er Papa schimpfen hört. „Sei einfach mal nett zum Wichtel."

Lesemaus aus Buchstaben

Du brauchst:

- Ein altes Taschenbuch, das niemand vermisst
- Schwarzen und rosafarbenen Karton
- 2 Knöpfe und Heftklammern
- Einen bunten Schnürsenkel
- Schere und Klebe

1. Reiße die ersten beiden Buchseiten und Werbung heraus.
2. Schlage das Buch vorne auf und falte die rechte obere Ecke nach innen bis zum seitlichen Anfang der Buchstaben.
3. Falte die jetzt schräge obere Kante noch mal zur Mitte.
4. Falte die Ecke, die unten übersteht, zur nächsten Seite hin.
5. Wiederhole Schritt 2 bis 4 mit allen weiteren Seiten.
6. Jetzt fehlt noch das Gesicht: Schneide aus einem schwarzen Karton einen Kreis aus und klebe ihn als Nase auf.
7. Befestige die Knopf-Augen mit einer auseinandergebogenen Heftklammer zwischen den Seiten.
8. Ohren aus rosafarbenem Karton ausschneiden und festkleben.
9. Klebe den bunten Schnürsenkel als Schwanz fest.
10. Zum Schluss die Umschlagseiten an den Faltkanten zurechtschneiden.
    So sitzt die Maus stabil und gemütlich.

Noch ein Basteltipp von Bente

Papierblumen für den Wichtelgarten

Du brauchst:

- Seidenpapier aus dem Bastelladen
  oder Zeitungspapier in DIN-A4-Form geschnitten
- Bastelschere
- Holzspieße (zum Grillen) oder Pfeifenreiniger
- Kleber
- Bleistift

Und so geht es:

1. Zeichne eine Spirale auf das Papier. Die Spirale kann ruhig wacklig aussehen, wie ausgefranste Blüten.

2. Schneide mit der Schere an der Spirallinie entlang, sodass eine ganz lange Papierschlange entsteht.

3. Jetzt nimm das äußere Ende und rolle es zum inneren Ende ein. Tataaa! Schon ist die Blüte fertig.

4. Auf den Blütenboden streichst du Kleber und klebst die Blüte auf ein Stück Papier. Trocknen lassen.

5. Vorsichtig mit dem Spieß ein Loch in den Blütenboden bohren und noch einmal festkleben.

Tipp: Anstelle des Holzspießes kannst du auch bunte Pfeifenreiniger nehmen. So kannst du deine Blume überall hinhängen.

57

9. Haferkeks-Träume

Als Nelia heute aus der Schule nach Hause kommt, ist sie schlecht gelaunt. Dabei hatte der Vormittag so lustig begonnen. Die Kinder haben mit Frau März gebacken und alle lobten Nelias Haferkekse. Kein Wunder. Das Rezept ist ja auch von Oma. Aber auf dem Nachhauseweg tauchten plötzlich ein paar große Jungs auf, schnappten sich die Kekstüten von Nelia und Jule und rannten lachend davon.

So eine Gemeinheit.

Mama nimmt Nelia in den Arm und tröstet sie. Da muss Nelia erst mal eine Runde weinen. Ronja jault mitfühlend. Sie mag es gar nicht, wenn Nelia traurig ist.

„Wir backen am Wochenende neue", verspricht Mama.

Nelias betrübte Stimmung hält bis zum Abend an. Mama staunt, dass Nelia einfach so zum Zähneputzen ins Bad verschwindet und ihren Schlafanzug anzieht.

Papa trägt sie huckepack ins Bett und liest ihr eine Adventsgeschichte vor. „Morgen ist aller Ärger vergessen", sagt er und drückt sie noch einmal fest an sich.

Bente hat alles hinter der Wichteltür beobachtet. „Ich werde auch schlafen gehen", seufzt er. „Der Nelia-Papa hat recht. Morgen ist ein neuer Tag."

Aber mitten in der Nacht schrickt Bente hoch. Im ersten Moment glaubt er, dass Ronja böse knurrt. Aber dann sieht er ein grelles Licht aufblitzen, gefolgt von einem lauten Rumpeln. Gleich danach wimmert Ronja leise, ganz nahe an der Wichteltür. Ein Gewitter ist im Anzug! Oh, nein. Gewitter kann Bente gar nicht leiden.

„Gemein, total gemein!", hört Bente Nelia rufen. Damit meint sie aber nicht das Gewitter. Denn gleich darauf schimpft sie: „Meine Kekse. Gib meine Kekse her!" Jetzt schluchzt sie sogar laut.

Bente kann sich denken, was los ist. Nelia träumt schlecht von dem Haferkeks-Dieb. Und gleichzeitig donnert es wieder heftig.

Am liebsten würde Bente sich die Decke über den Kopf ziehen und die Ohren zuhalten. Aber Nelias böser Traum ist jetzt wichtiger als ein doofes Gewitter.

Er fasst sich ein Herz und öffnet die

Wichteltür. Er entdeckt Hündin Ronja vor Nelias Bett auf dem Teppich liegen.

Auf Zehenspitzen nähert Bente sich dem Bett. „Alles gut, Ronja", sagt er mit leicht zittriger Stimme. „Ich will nur kurz nach Nelia gucken." Er hangelt sich am Bettpfosten hinauf zu ihr und setzt sich neben sie.

„Meine Haferkekse", murmelt sie. „Das ist so gemein." Sie verzieht den Mund, als wolle sie weinen.

Bente nimmt seine Wichtelmütze ab und legt sie neben ihren Kopf.

„Liebe Nelia, das ist eine Zaubermütze. Die soll alles wiedergutmachen und deinen dummen Traum vertreiben", flüstert er. Das ist leider nicht ganz wahr, denn Haferkekse herbeizaubern kann die Mütze nicht. Albträume verhindern vielleicht schon.

Das ist schon die zweite Mütze, die er verschenkt. Mit der ersten hat Bente Millis Tränen getrocknet. Vielleicht bewirkt die Mütze ja auch bei Nelia Wunder. Zum Glück hat er noch ein paar Mützen im Schrank liegen, denn für Wichtel sind Zipfelmützen sehr wichtig.

„Schlaf gut", flüstert er.

Ronja knurrt leise. Aber es klingt nicht böse, eher wie eine Warnung. Schnell huscht Bente zurück hinter die Wichteltür.

Keine Sekunde zu früh, denn die Zimmertür geht auf und Nelias Mama kommt herein. Auch sie hat Nelia schluchzen gehört und denkt, sie würde sich vor dem Donner fürchten. „Mein Spätzchen, alles gut. Das Gewitter ist schon fast wieder weg", sagt sie und beugt sich über Nelia. „Nanu?"

Sie entdeckt die Wichtelmütze. „Wo kommt die denn her?", fragt sie verwundert und guckt die Hündin an. „War hier jemand, Ronja?"

Ronja schaut treuherzig. „Wuffwuff", antwortet sie leise. Das hört sich an wie Nein.

Hinter der Wichteltür atmet Bente erleichtert aus. „Danke, Ronja. Nett von dir. Ich glaube, wir werden doch noch Freunde."

Kurze Zeit später hört Bente Ronja leise schnarchen. Und auch Nelia ist scheinbar in einen schöneren Traum abgetaucht. Nur Bente kann nicht einschlafen. Er ist sauer auf die Haferkeks-Diebe und deshalb putzmunter.

Plötzlich hat er eine Idee! An der schlafenden Ronja vorbei rennt er in die Küche und hangelt sich

nach oben auf die Arbeitsplatte. Dort liegt ein aufgeschlagenes Heft mit Kochrezepten. Da sind sie: Omas Haferkekse. Super! Dann kann es ja losgehen.
Er sucht die Zutaten zusammen, wiegt sie ab, mischt den Teig und formt

Bällchen, die er auf dem Backblech verteilt. Ups, den Herd vorheizen nicht vergessen und nun das Blech hineinschieben. Dafür braucht man echte Muskelkraft. Wie gut, dass Bente Wichtelpapa Ole so oft beim Holzhacken geholfen hat.

Während die Haferkekse backen, gönnt sich Bente ein wenig Orangensaft aus der Karaffe, die auf dem Küchentisch steht. Dafür nimmt er einen Strohhalm aus der Schublade. Köstlich schmeckt das.

Ein Blick in den Backofen zeigt ihm, dass die Kekse fertig sind. Sie haben schon einen tollen braunen Rand.

Jetzt kommt das Schwierigste: Wie schafft Bente es, das heiße Blech aus dem Herd zu ziehen? Autsch. So klappt das nicht. Aber für einen pfiffigen Weihnachtswichtel ist das kein Problem. Schon fällt ihm eine andere Lösung ein. Mit einem Holzspatel hebt er jeden Keks einzeln heraus und legt ihn auf den schönen Teller mit dem aufgemalten Christbaum.

Wie das duftet. Da muss sich Bente wirklich zusammenreißen, um nicht zu naschen. Schnell noch ein letzter Schluck Orangensaft und dann ab hinter die Wichteltür.

Omas Haferkekse

Liebst du Kekse so sehr wie Nelia?

Omas Haferkekse sind wichtelleicht gebacken.

Du brauchst:

- 4 Tassen Haferflocken
- 3 Tassen Mehl
- 8 Esslöffel braunen Zucker
- 2 Teelöffel Salz
- 1 Paket weiche Butter
- ¼ Liter Milch

1. Den Ofen auf 225 Grad vorheizen und ein Backblech mit Back-papier auslegen.

2. Alle Zutaten in eine Schüssel geben und zu einem Teig kneten.

3. Aus dem Teig walnussgroße Kugeln formen, nebeneinander (nicht zu eng) auf das Blech legen und die Kugeln etwas flach drücken.

4. Ab damit in den heißen Ofen und nach bereits fünf Minuten – wenn die Ränder braun werden – sind die Haferkekse fertig.

5. Das Blech aus dem Ofen nehmen, das Backpapier mit den Keksen vorsichtig auf ein Gitter zum Abkühlen ziehen.

6. Danach in einer hübschen Dose aufheben (oder direkt aufessen).

10. Milli ist weg

Am nächsten Morgen gibt es gleich zwei riesige Überraschungen. Als Nelia nach dem Aufwachen aus dem Fenster schaut, sehen die Bäume aus wie mit Puderzucker bestäubt.
Es hat in der Nacht geschneit.

„Wie toll, wie toll, wie toll", tanzt sie durch das Kinderzimmer. Die schlechte Laune vom Vortag ist wie weggezaubert. Ob das an der roten Zipfelmütze liegt, die sie neben ihrem Kissen gefunden hat? Für Nelias Kopf ist die Mütze zu klein, aber Frau Maus passt sie ausgezeichnet.

Als Nelia in die Küche kommt, tunkt Papa gerade einen Haferkeks in seinen Milchkaffee. „Einfach köstlich", schwärmt er. „Ab heute glaube ich auch an Weihnachtswichtel. Mama kann die Kekse nicht gebacken haben, die hat ja die ganze Nacht geschnarcht wie ein Bär."

Nelia schnappt sich einen Haferkeks, saust zurück ins Kinderzimmer und legt den Keks vor die Wichteltür.

„Danke, lieber Bente", ruft sie. „Du bist der liebste und tollste Wichtel auf der ganzen Welt. Die Zipfelmütze ist so süß und Frau Maus kriegt nie mehr kalte Ohren."

Bente lauscht hinter der Wichteltür und freut sich wie ein Schneekönig. Das Leben als Weihnachtswichtel ist herrlich.

Aber Nelia soll nie wieder schlimme Träume haben. Deshalb will er ihr einen Traumfänger basteln. Milli hat auch einen, von Mama gebastelt. Das Material für den Traumfänger findet man im Wald.

Als Bente die Vorhänge zur Seite zieht, sieht er, dass es wieder anfängt zu schneien. Also setzt er eine besonders warme Zipfelmütze auf, steigt mit dicken Socken in die Stiefel und um den

Hals wickelt er den bunten Schal, den Milli ihm gestrickt hat. Zuletzt setzt er den Rucksack auf den Rücken und wandert los.

Wie herrlich, wieder frische Waldluft zu atmen. Obwohl er so gerne Weihnachtswichtel ist, vermisst er das Leben im Wald und auch seine Schwester Milli. Er hält nach ihrer roten Zipfelmütze Ausschau. Nirgends zu sehen. Nicht ein winziger roter Tupfer. Schade. Sie hätte sicher Lust, ihm beim Sammeln zu helfen.

Sie spielt sicher mit anderen Wichtelkindern, denkt er ein wenig enttäuscht. Bente findet die Stelle, wo er mit Milli Beeren und Blätter für Nelias Kette gesammelt hat, sofort wieder. Im Nu hat er ein ganzes Büschel davon zusammen und steckt alles in den Rucksack.

„Hallo, Bente", zwitschert seine Freundin, die Kohlmeise. „Ich bin gerade auf dem Flug zu dir."

Bente lächelt erfreut. „Das ist ja lieb. Ich habe einen leckeren Haferkeks für dich. Selbst gebacken."

Die Kohlmeise landet auf seiner Schulter. „Deine Wichtelmama schickt mich. Sie will wissen, ob Milli bei dir ist?"

Bente runzelt die Stirn. „Milli? Wieso bei mir? Das ist doch nicht erlaubt. Ich arbeite ja gerade als Weihnachtswichtel. Hat sie gesagt, dass sie mich besuchen will?"

Die Kohlmeise schüttelt das Köpfchen. „Sie war im Wald auf der Suche nach besonders schönen Blättern und Zweigen zum Basteln. Doch als es dunkel wurde, ist sie nicht nach Hause gekommen. Deine Eltern haben sie schon überall gesucht. Deine Mutter hat so gehofft, dass Milli zu dir gelaufen ist."

Bente stockt der Atem vor Sorge. „Das ist ja furchtbar. Hoffentlich ist Milli nichts passiert!" Er schaut sich ratlos um.

Auf einmal sieht er den roten Tupfen, nach dem er die ganze Zeit vergeblich Ausschau gehalten hat. „Da vorne, bei der Fichte, da ist sie doch." Er rennt los und die Kohlmeise flattert hinterher.

Aber es ist leider nicht Milli, sondern nur ihre Zipfelmütze.

„Das ist die Mütze, die ich ihr geschenkt habe. Milli würde sie nie einfach wegwerfen." Seine Stimme klingt plötzlich ganz heiser. Er hebt die Mütze auf und drückt sie verzweifelt an sich. Plötzlich kullern dicke Tränen über seine Wangen.

„Milli! Wo bist du?", ruft er verzweifelt in den Wald. Er muss sie suchen!

Traumfänger gegen böse Träume

Wenn du jemanden kennst, der manchmal doof träumt, ist ein Traumfänger genau das richtige Geschenk. Bente geht in den Wald, aber auch im Park kann man wunderschöne Sachen für einen Traumfänger finden.

Du brauchst:

- Biegsamen Zweig oder einen gegabelten Ast
- Bunte Wolle
- Fundstücke: Blätter, Früchte, Federn, Nüsse, leere Schneckenhäuser, Zapfen, Samenkapseln, Gräser und was du sonst noch findest.

1. Wickle bunte Wolle um die Zweige und binde sie zu einem Rahmen zusammen.
2. Danach spinnst du mit der Wolle kreuz und quer ein Netz, ungefähr so wie bei einem Tennisschläger.
3. In dieses Geflecht knüpfst du deine Fundstücke.
4. Jetzt fehlt nur noch eine Aufhänge-schnur und fertig ist der Böse-Träume-Vertreiber.

11. Gute Freunde sind Gold wert

Bente sucht noch eine ganze Weile mit der Kohlmeise und dem Biber, den sie zufällig getroffen haben, nach Milli. Aber es ist alles vergeblich.

„Wir brauchen eine richtige Schnüffelnase", sagt der Biber. „Wie wäre es mit dem Fuchs? Vielleicht findet der eine Spur." Der Fuchs hat zwar keinen guten Ruf bei den Waldtieren, aber er hat eine exzellente Nase.

„Da habe ich eine bessere Idee", ruft Bente. „Nelias Hündin Ronja könnte mir bei der Suche helfen." Der Biber wackelt zweifelnd mit dem Kopf. „Aber wie willst du das anstellen? Du kennst die Wichtelregeln …"

Plötzlich hat es Bente sehr eilig. „Das lass nur meine Sorge sein, mein Freund. Vielen Dank erst mal. Bis bald." Er rennt, so schnell ihn seine Stiefel tragen zurück.

Zu Hause angekommen, wirft er den Rucksack achtlos in die Ecke. Der Traumfänger muss warten. Auch Stiefel, Jacke und Schal landen achtlos daneben. Nur die feuchte Zipfelmütze legt Bente zum Trocknen ordentlich über die Stuhllehne.

„Ich werde Nelia bitten, mit Ronja nach Milli zu suchen", macht er sich selber Mut. „Auch wenn es mich meine Arbeit als Weihnachtswichtel kostet."

Er hört Stimmen hinter der Wichteltür – Nelias Stimme. Sie singt fröhlich.

„Es geht eine Zipfelmütz in unsrem Kreis herum, es geht eine Zipfelmütz in unsrem Kreis herum, widibumm."

Bente schaut durch das Guckloch. Nelia hat seine winzige Zipfelmütze auf dem Kopf und tanzt mit Ronja das Wichtellied. „Es geht eine Zipfelmütz in unserem Kreis herum." Sie lacht sich schlapp und umarmt Ronja glücklich.

Bente tut das Herz weh. Ein Weihnachtswichtel soll seinem Weihnachtskind doch Freude machen. Darf er Nelia wirklich mit seinem Kummer belasten? Er schlägt die Hände vors Gesicht. Milli, liebe Milli. Wo bist du nur?

Er würde alles dafür geben, wenn Milli gesund und munter im Wichtelhaus auftauchen würde. Plötzlich kann er seine Tränen nicht mehr zurückhalten.

Er schluchzt laut.

„Bente? Hallo! Alles okay mit dir?"

Das ist Nelia. Sie hockt vor der Wichteltür und hält ihr Ohr dagegen. „Weinst du etwa?", fragt sie erschrocken. Bente schluchzt wortlos weiter.

„Bente! Bitte erzähl mir, was los ist. Sonst muss ich auch noch weinen."

Da nimmt Bente all seinen Mut zusammen, schließlich ist schon alles egal. Milli ist fort. Bente will kein Weihnachtswichtel mehr sein. Er will seine Schwester Milli wiederhaben. Und so bricht er die alleroberste Regel.

Er spricht mit seinem Weihnachtskind. Aber gibt es auf der Welt etwas Wichtigeres als seine Schwester?

Stockend berichtet er Nelia durch die Wichteltür, was passiert ist. „Vielleicht ist sie entführt worden oder etwas noch Schlimmeres. Ich bin schuld. Ich hab mich nicht gut genug gekümmert", flüstert er.

„Das ist ja schrecklich!", ruft Nelia. „Aber du bist nicht schuld. Bitte glaub mir. Lass uns gemeinsam nach ihr suchen."

Bente beginnt zu strahlen. „Ich hab auch schon eine Idee. Ronja könnte nach ihr schnüffeln, sie ist doch sicher eine super Spürhündin." Er trocknet seine Tränen. Plötzlich ist er wieder voller Hoffnung.

„Prima", ruft Nelia. „Das hat sie in der Hundeschule geübt. Aber dazu brauchen wir etwas, das nach Milli riecht, damit sie deine Schwester erschnuppern kann. Hast du irgendetwas von ihr?"

Bente nickt eifrig. „Ja, ihre Zipfelmütze. Sie hatte eine rote Zipfelmütze, die habe ich im Wald gefunden." Er öffnet die Wichteltür einen Spalt und reicht Nelia die Mütze.

„Perfekt!", ruft Nelia. „Wir helfen dir natürlich. Ich lasse Ronja daran riechen, und wir treffen uns am Waldesrand. Du erkennst mich und Ronja ja."

Schnell sammelt Bente seine Sachen vom Fußboden auf und zieht sich wieder an. Die trockene Zipfelmütze nimmt er vom Stuhl und zieht sie sich tief über die Ohren. Im letzten Moment schnappt er sich noch die elektrische Kerze vom Adventszweig, dann läuft er los. Er sieht Nelia mit Ronja an der Leine schon am Waldesrand warten.

Eilig springt Bente herbei. Ronja knurrt ein wenig, aber es klingt eigentlich freundlich. „Hallo, ich bin's. Danke für eure Hilfe", sagt er scheu.

„Ups!", ruft Nelia und sucht mit ihren Blicken den Wald-
boden ab. „Wo bist du denn?" Ronja zieht an der Leine in Bentes
Richtung. „Ach, da bist du. Wie niedlich du aussiehst mit deiner Zipfelmütze! Und die putzigen Stiefelchen. Der bunte Schal
würde auch Frau Maus stehen." Nelia kriegt sich gar nicht mehr
ein vor Entzücken über den kleinen Wichtel. „Ich hab Ronja
schon an Millis Mütze schnuppern lassen. Stimmt's, Ronja?"

Ronja bellt wuffwuff und zieht an der Leine.

„Na, dann mal los", ruft Nelia voller Tatendrang.

„Hallöle, Bente. Hast du dein Weihnachtskind wirklich um Hilfe gebeten?", zwitschert die Kohlmeise und umkreist Nelia neugierig.

Bente legt den Finger auf die Lippen. „Pscht. Ronja muss sich konzentrieren."

Ronja nimmt ihre Aufgabe wirklich sehr ernst und steckt ihre Schnauze in jedes Mauseloch.

In Windeseile spricht sich herum, was das Trio vorhat. Das liegt vor allem an der Kohlmeise, die aufgeregt flatternd überall herumzwitschert, wer gesucht wird.

Selbst ein scheues Reh schließt sich ihnen an. „Wenn ich mir vorstelle, dass unser Kitz verschwunden wäre", sagt sie mitfühlend und guckt hinter jeden Busch. Dabei achtet sie aber peinlich genau darauf, Ronja nicht zu nahe zu kommen.

Immer mehr Tiere tauchen auf und helfen mit. Die Biber kommen sogar mit ihrer ganzen Verwandtschaft. Sie kennen jede Menge unterirdischer Gänge, aber keine Spur von Milli.

Bente hat inzwischen schon wieder Tränen in den Augen. Erschöpft ruht er sich auf einer Baumwurzel aus. Es hat erneut zu schneien begonnen und der Wichtel wickelt Millis Schal fester.

„Ist dir kalt, Bente?", fragt Nelia besorgt. „Komm, mach es dir in meinen Stiefel bequem, das Fell ist kuschelig warm." Sie hebt den Wichtel behutsam hoch und steckt ihn oben in den Schaft.

Das ist wirklich gemüt-
lich und aus der Höhe kann
Bente viel besser gucken.
„Milli wo bist du?", ruft er
im Chor mit den Tieren.
Sogar die alte Eule taucht
auf. „Wunderbar! Wunder-
bar!", krächzt sie mit ihrer
tiefen Stimme. „Dafür sind
Freunde da."

Ronja führt Nelia immer tiefer in den Wald. Hier war Bente noch nie. Schließlich bleibt Ronja vor einer sehr mächtigen Eiche stehen und bellt aufgeregt nach oben. Die Eule umkreist den Baum und hält Ausschau.

„Milli! Milli! Millimaus", ruft Bente so laut, er kann.

Plötzlich schaut ein Eichhörnchen aus seinem Kobel heraus. „Pst, was macht ihr denn für einen Lärm? Nicht so laut, das Wichtelkind schläft doch!"

Bentes Herz bleibt vor Schreck fast stehen. „Ein Wichtelkind? Heißt es Milli?"

Im nächsten Moment hört er Milli auch schon rufen. „Bente? Bist du das? Bente, hier bin ich, im Kobel." Sie steckt ihren Kopf heraus und schaut hinunter auf die Tierversammlung. „Hoppla!", sagt sie überrascht.

„Juchhu! Sie ist wieder da", zwitschert die Kohlmeise.

„Bravissimo!", klatschen die Biber.

Ronja bellt aus vollem Halse, aber niemand fürchtet sich, nicht einmal das scheue Reh. Die Waldtiere trampeln und jubeln und tanzen voller Freude. „Milli ist wieder da, Milli ist wieder da." Und Bente weint vor Glück so heftig, dass Nelias Socke ganz nass wird.

12. Eine unglaubliche Geschichte

Wenig später sitzt Milli eng an Bente gekuschelt in Nelias Stiefel.

„Was machst du denn für Sachen, also wirklich, keine Sekunde kann man dich alleine lassen", stammelt Bente.

„Aber echt. Was ist denn eigentlich passiert?", ruft Nelia. „Erzähl doch mal." Das Reh nickt zustimmend. „Bitte schön, wir spitzen alle unsere Ohren."

„Also, das war nämlich so", beginnt Milli. „Ich war auf der Suche nach besonders schönen Blättern und Zweigen zum Basteln und plötzlich war ich ganz tief im Wald und kannte mich gar nicht mehr aus. Die ganze Nacht bin ich herumgeirrt, das war voll gruselig."

Bente schaudert es, als er sich vorstellt, wie sich die arme Milli gefürchtet haben muss, und er drückt sie ganz fest an sich.

„Weiter, weiter", rufen die Biber.

„Na, irgendwann wurde es morgen und ich bin auf die Eiche geklettert, um zu gucken, wo ich bin. Das war aber ganz schön hoch und da traute ich mich nicht mehr runter. Und dann tauchte auch noch eine Elster auf und klaute mir meine schöne Zipfelmütze."

Ronja bellt empört.

„Frechheit!", zwitschert die Kohlmeise. „Mit diebischen Elstern haben wir Meisen nichts zu tun."

Jetzt mischt sich das Eichhörnchen ein. „Ich habe Milli weinen hören und sie in meinen Kobel gelotst. Leider hat es angefangen zu schneien, sonst wären wir schon längst losgezogen, um ihre Eltern zu suchen."

Die Waldtiere klatschen dem hilfsbereiten Hörnchen Applaus.

„Gott sei Dank!", sagt Bente glücklich. „Vielen Dank, du liebes Eichhörnchen. Ich bringe dir in den nächsten Tagen einen Sack mit leckeren Nüssen."

Inzwischen schneit es richtig heftig. Bente holt die kleine elektrische Kerze aus Nelias Jackentasche und knipst sie an. Richtig feierlich sieht die Karawane mit dem Licht vorneweg aus, denn natürlich begleiten die Waldtiere Nelia, Ronja, Bente und die kleine Milli nach Hause zu den Wichteleltern. Und die kluge Eule weist ihnen wieder den Weg.

Das ist vielleicht eine Freude, als Milli lachend und weinend zugleich in Wichtelmamas Arme fliegt. Auch der Wichtelpapa wischt sich ganz gerührt ein paar dicke Tränen aus dem Augenwinkel.

„Mein großer Junge", sagt er zu Bente und zieht den Wichtel an seine Brust. „Ich bin ja so stolz auf dich. Du hast alles richtig gemacht. Mama und ich waren ganz außer uns vor Sorge." Er nickt den Tieren des Waldes dankbar zu. „Ihr Lieben, wenn ihr Hilfe braucht, meldet euch bei mir. Ich bin immer für euch da."

Das Reh scharrt erfreut mit den Hufen. „Danke, Herr Ole, vielen Dank."

„Was wird denn jetzt aus dir, Bente?", fragt Milli ängstlich. „Darfst du jetzt kein Weihnachtswichtel mehr sein, weil du die wichtigste Regel gebrochen hast?"

Nelia mischt sich entrüstet ein. „Aber natürlich. Familie ist doch wichtiger als Geschenke und Schabernack. Und wenn der oberste Wichtelchef jetzt Ärger macht, dann schreibe ich ihm einen Brief. Das lasse ich nicht zu! Jetzt ist ja alles wieder gut, du bist bei den Wichteleltern, Bente zieht wieder hinter die Wichteltür und Ronja und ich in mein Kinderzimmer."

Milli seufzt tief. „Ich merke schon, ihr werdet wieder ganz viel Spaß haben ... leider ohne mich."

Nelia kann Millis Kummer verstehen. „Ich biete dir einen Tausch an", sagt sie. „Solange du mir deinen Bente leihst, leihe ich dir meine Frau Maus. Das ist mein liebstes Kuscheltier. Sie hat sogar eine rote Zipfelmütze, aber sie bräuchte noch einen schicken Schal, und ich habe gesehen, du strickst so schön. Bente kann dir Frau Maus morgen vorbeibringen. Und wenn du mit der Wichtelschule fertig bist, wirst du meine Weihnachtswichtelin. Natürlich nur, wenn du darauf Lust hast. Was meinst du?"

„Juchhu! Super gerne, super nett", schreit Milli und hüpft begeistert umher.

„Das finde ich sehr lieb von dir, Nelia", lächelt die Wichtelmama. „Aber ich glaube, ihr solltet jetzt den Heimweg antreten, sonst machen sich deine Eltern auch noch Sorgen."

Das ist natürlich ein guter Rat von der Wichtelmama. Es gibt noch eine letzte Umarmung und zum Schluss drückt Mama Bente einen Kuss auf die Nasenspitze. „Schlaf gut, mein Großer", sagt sie.

„Bis morgen, Bente", sagt Milli. „Ich freue mich schon doll auf Frau Maus."

Übermütig hüpft Bente auf Ronjas Rücken und die Hündin lässt es ohne Knurren geschehen. „Hüah, mein Pferdchen. Hüah", ruft Bente. „Ab nach Hause."

Die alte Eule schüttelt den Kopf. „Immer ein wenig verrückt, unser Bente", krächzt sie und fliegt davon.

Nach diesem aufregenden Tag fällt Nelia todmüde ins Bett. „Gute Nacht, Bente, gute Nacht, Milli, gute Nacht, Waldtiere, gute Nacht, Ronja", flüstert sie. „Heute Nacht träume ich bestimmt was richtig Schönes." Mit einem Lächeln auf den Lippen schläft sie sofort ein.

Bente hingegen ist wieder putzmunter und schreibt einen Plan für die nächsten Wichteltage. Den Traumfänger will er unbedingt mit Milli zusammen fertig basteln. Und sie hat sicher noch jede Menge schöne Ideen für weitere Geschenke, über die sich Nelia freuen könnte.

Außerdem will er Nelia einen Brief schreiben, um ihr zu sagen, wie schön er es findet, dass sie Milli gemeinsam gefunden haben. Freunde helfen sich eben gegenseitig, nicht nur zu Weihnachten.

Aber das verschiebt er auf morgen.

Lieber will er noch mal nachsehen, ob Nelia ordentlich zugedeckt ist. Vorher zieht er seinen Schlafanzug an und hängt seine Kleider ordentlich in den Schrank. Zuletzt setzt er seine schöne Nachtmütze auf und schleicht ins Kinderzimmer.

Nelia schläft tief und fest.

Aber was ist das? Ronja hat es sich heimlich auf Nelias Füßen bequem gemacht.

„Du Schlingel", ruft Bente empört.

Die Hündin öffnet ein Auge und blinzelt Bente müde zu.

„Na warte", grinst Bente. Er klettert geschickt auf das Bett und kuschelt sich an Nelias großen Zeh.

„Hihi", kichert Nelia. „Hihi."

Herrlich gemütlich hier, ist das Letzte, was Bente denken kann, bevor auch ihm die Augen zufallen.

Gute Nacht, allerseits.

Wir reduzieren und vermeiden die Emissionen, die an unseren Produkten entstehen fortlaufend und gleichen die verbliebenen Emissionen über ein Klimaschutzprojekt aus. Weitere Informationen zu dem Projekt: www.ClimatePartner.com/14044-1912-1001

Penguin Random House Verlagsgruppe
FSC® N001967

1. Auflage 2023
© 2023 Penguin JUNIOR in der
Penguin Random House Verlagsgruppe GmbH,
Neumarkter Str. 28, 81673 München
Alle Rechte vorbehalten
Text: Usch Luhn
Umschlag- und Innenillustrationen: Yvonne Sundag
Umschlaggestaltung: Lena Ellermann
MK · Herstellung: AJ
Satz: Uhl + Massopust, Aalen
Reproduktion: Lorenz & Zeller, Inning a.A.
Druck: TBB, a.s., Banská Bystrica
ISBN 978-3-328-30263-6
Printed in Slovakia

www.penguin-junior.de

Usch Luhn kommt aus einem österreichischen Dorf in der Steiermark und lebt heute abwechselnd in Berlin und am Wattenmeer in Ostfriesland. Sie ist Kommunikationswissenschaftlerin, unterrichtet an einer Filmschule, schreibt eigene Filmdrehbücher und hat sich mittlerweile über fünfzig Kinder- und Jugendbücher ausgedacht, die sie am allerliebsten auf ihren Lesereisen vorliest.

Yvonne Sundag ist in einer kleinen Stadt an der holländischen Grenze aufgewachsen. Nach einem Bachelor of Design an der AKI Akademie of Art & Design in den Niederlanden arbeitete sie bei einer Filmproduktionsfirma in Berlin, bevor sie sich 2010 als Designerin selbstständig machte. Heute ist sie freiberufliche Illustratorin und wohnt mit ihrer Familie in Münster.

Entdecken Sie unsere Vorlesewelten!

Liebe Eltern, liebe Vorlesende,

wir freuen uns, dass dieses Vorlesebuch zu Ihnen gefunden hat, und wünschen Ihnen und Ihren Kindern eine wunderbare gemeinsame Geschichtenzeit!

Vorlesen macht stark!

Das gemeinsame Eintauchen in die Geschichten fördert Fantasie und Mitgefühl und vermittelt Kindern Sicherheit und Geborgenheit. Immer!

Vorlesen macht schlau!

Vorlesegeschichten stecken voller Wissen, machen neugierig – und beim Zuhören erweitern die Kinder ganz nebenbei auch ihren Wortschatz. Vorlesen ist der erste Schritt zum Lesenlernen.

Vorlesen ist einfach!

Ganz gleich, ob Sie gerade viel Zeit haben oder wenig, lesen Sie in Ihrem Rhythmus und wie Sie es möchten. Ob Sie das Vorlesen inszenieren wollen oder einfach den Text vorlesen – allein das gemeinsame Erlebnis zählt, beim Lesen, aber auch beim Betrachten der dazugehörigen Bilder.

Vorlesen macht Spaß!

Ob zu festen Zeiten oder zwischendurch im Alltag: Unsere Geschichtenwelten warten auf Sie – und auf die Kinder!

Viele weitere Tipps zum Vorlesen finden Sie auf www.stiftunglesen.de und www.penguin-junior.de

Gemeinsam fürs Vorlesen!

Entdecken Sie unsere Vorlesewelten!

Kindergarten Wunderbar
Komm, flieg mit uns
ins Abenteuer!
Ab 4 Jahren, 112 Seiten,
ISBN 978-3-328-30035-9

Olli aus der Igelhecke
Der Freundschafts-
Wettbewerb
Ab 4 Jahren, 80 Seiten,
ISBN 978-3-328-30082-3

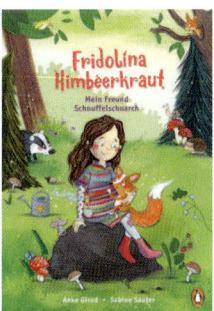

Fridolina Himbeerkraut
Mein Freund
Schnuffelschnarch
Ab 4 Jahren, 80 Seiten,
ISBN 978-3-328-30002-1

Deine Schutzengel
Hab keine Angst,
wenn's dunkel ist
Ab 4 Jahren, 64 Seiten,
ISBN 978-3-328-30015-1

Krümels Abenteuer
auf der Träumeburg
Ab 4 Jahren, 128 Seiten,
ISBN 978-3-328-30036-6

Gemeinsam sind wir
sternenstark!
Ab 4 Jahren, 128 Seiten,
ISBN 978-3-328-30124-0

So schön
ist die Welt …
Ab 5 Jahren, 128 Seiten,
ISBN 978-3-328-30016-8

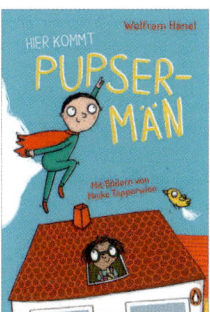

Hier kommt
Pupsermän!
Ab 4 Jahren, 88 Seiten
ISBN 978-3-328-30081-6

Gemeinsam fürs Vorlesen!

www.penguin-junior.de